ESSAI SUR

Romain Rolland

LA BEAUTÉ DE SON ŒUVRE ET SES ERREURS

PAR

GEORGES-ANQUETIL

PRIX NET : **1 fr. 25**

"AUX ALLIÉS"
31, RUE DE MOGADOR, 31
PARIS (IXe)

ESSAI SUR

Romain Rolland

LA BEAUTÉ DE SON ŒUVRE
ET SES ERREURS

PAR

GEORGES-ANQUETIL

> *Penser vrai : certes ! Mais à quoi bon dire vrai ? Puisque les hommes sont assez bêtes pour ne pouvoir supporter la vérité. faut-il les y forcer ?*
>
> (ROMAIN ROLLAND).

Prix net : **1 fr. 25**

" AUX ALLIÉS "
31, RUE DE MOGADOR, 31
PARIS (IXᵉ)

UN DOCUMENT TYPIQUE

___

Exorde du réquisitoire de M. le Commissaire du gouvernement MORNET, dans l'affaire dite « du Bonnet Rouge », d'après « Le Temps » du 12 mai 1918.

« *Nous ne faisons pas un procès de presse. La pensée, si abominable qu'elle puisse être, n'est pas poursuivie en France ! A-t-on poursuivi* Au Dessus de la Mêlée *de M. Romain Rolland ?...*

... Le Bonnet Rouge fut le seul qui osa faire l'éloge de M. *Romain Rolland ; on pourra dire peut-être que Romain Rolland est un grand écrivain ; mais ce qu'on ne dira jamais de lui, c'est qu'il a été un grand Français. Je me demande même si les générations à venir ne le compareront pas à Henri Heine, et encore : l'hommage que cet écrivain a rendu à la France était un hommage mérité, un hommage que Romain Rolland ne lui a jamais rendu...* »

(Audience du 11 mai 1918. —
3ᵉ Conseil de guerre permanent
de la place de Paris).

___

Il y a maintenant déjà plus de trois ans et demi, dans un laps de temps compris entre trois et six mois après la déclaration de guerre, un écrivain français, aussi connu comme professeur à la Sorbonne que comme biographe de Michel-Ange et de Beethoven et comme auteur d'une œuvre considérable, publia, tant dans le *Journal de Genève* que dans plusieurs journaux d'autres pays neutres, une série d'articles qui parurent très audacieux, voire même tendancieux.

L'un d'eux donna son titre significatif à leur ensemble, depuis réuni en un volume. Ce titre était *Au-dessus de la Mêlée*. L'auteur s'appelait M. Romain Rolland.....

Peut-être parce que certains, qui ne connaissaient pas ce penseur, espéraient d'un tel nom une nouvelle... chanson, aussi patriotique que celle de l'homonyme chevalier, il se trouva beaucoup d'esprits pour s'étonner qu'un Français pût — non pas s'élever — mais prétendre même à s'élever au-dessus de la mêlée où a été entraîné son pays.

Et cette attitude suscita tellement de jugements divers que l'ouvrage si discuté approche, à l'heure actuelle, de sa centième édition, et que le *Mercure de France* lui consacrait, en tête de son premier numéro de septembre 1917, une étude assez importante, sinon impartiale, parue sous le titre : *Un écrivain de la guerre* et sous la signature de M. André Maurel.

Etude intéressante mais partiale, ai-je dit : je l'établirai dans un instant.... Je veux dire tout de suite que c'est précisément parce que M. Romain Rolland n'a guère eu jusqu'ici que la critique d'admirateurs enthousiastes et sans réserves ou de détracteurs de parti pris, d'adversaires plus ou moins loyaux, d'esprit plus ou moins étroit, mesquin et à courte vue, que j'ai cru intéressant, utile et juste de tenter un essai d'analyse, sinon grammaticale, du moins logique, de ce fameux livre, dont il est encore trop de contradicteurs à parler sans l'avoir lu et médité (1). Je ne revendique, au seuil de la publicité de ce travail, que la qualité primordiale, jadis invoquée par nos philosophes : *Ceci est une page de bonne foi.* Que m'importe dès lors de plaire à tel parti ou de déplaire à telle école ? Je n'écris que sous la suggestion de ma conscience de Français et de patriote, qui est d'ailleurs englobée dans ma conscience d'*homme.*

**

Examinons donc ensemble, dans les textes mêmes, les écrits de M. Romain Rolland et les critiques de M. André Maurel, parmi lesquelles une discrimination s'impose à nos yeux, les unes nous paraissant judicieuses, et les autres nettement exagérées ou fausses.

Tout d'abord il y a lieu de considérer brièvement, devant un problème psychologique aussi délicat, les antécédents, si j'ose dire, de l'écrivain. Ils pourront nous révéler ou un sincère, ou un rêveur d'occasion, par conséquent suspect. Or leur examen montre immédiatement que les raisons de M. Romain Rolland de se placer au-dessus de la mêlée étaient beaucoup plus

____

(1) « J'ai été outragé. Je le savais et j'allais au-devant. Mais je ne savais pas que je le serais sans même être entendu », écrit justement son auteur.

logiques avec son œuvre, que le chauvinisme subit révélé, par exemple, par tel homme qui dut le plus pur
de sa célébrité à sa plantation du drapeau dans le
fumier.

Romain Rolland est l'auteur, entre autres, d'un roman en dix volumes, qui constitue certainement son
œuvre capitale, qui s'appelle Jean-Christophe, et qui,
selon l'expression de M. André Maurel, ne soutient
qu'une thèse : « Chacun doit trouver en soi-même et
uniquement dans son âme la satisfaction et l'applau-
dissement. La conscience suffit à l'honnête homme
dont le devoir est accompli. »

N'est-ce pas ce que l'auteur incriminé revendique d'un
bout à l'autre de son nouvel ouvrage, quand il dit qu'il
sait « que les idées qu'il défend n'ont point de chances
d'être entendues », mais qu'il les crie quand même,
parce qu'il doit le faire?

De même l'attitude actuelle de l'auteur est assez en
harmonie avec le héros de son roman, puisque M. André Maurel résume ainsi Jean-Christophe : « Génie per-
sécuté, génie étouffé, succombant presque, puis sauvé
par l'amitié d'abord, par l'amour ensuite, homme
faible, mais si pitoyable et apitoyé, partageant avec de
plus pauvres son misérable pain, refusant de gagner
celui-ci au prix d'une bassesse, écœuré par les vices et
les veuleries de la ville corrompue, sacrifiant tout au
plaisir de dire la vérité et son fait à chacun. »

M. André Maurel trouve que « cette philosophie
vient tout droit d'Allemagne ». J'espère pour la dignité et la morale des autres pays — à commencer par
le nôtre — qu'on y pourrait trouver d'aussi nobles carac-
tères. En tout cas, ce que nous savons de la vie privée
et si simple de l'écrivain, retiré, modeste, quelque peu
sauvage et ombrageux, cadre assez bien avec le por-
trait qu'il trace de son héros, qui mourra dans une

fière et dédaigneuse solitude. Et c'est déjà très beau que dans les temps étranges que nous vivons et où l'on a si vite fait de lancer les épithètes de « traître » et de « vendu » à quiconque ne semble pas d'une opinion quasi officielle, on n'ait jamais osé accuser Romain Rolland d'avoir été acheté par l'Allemagne. Tout au plus a-t-on dit qu'inconsciemment il faisait son jeu, et, partant, ne soyons point surpris de voir M. André Maurel écrire : « L'impartialité, dans le présent, sera toujours une partialité en faveur de l'ennemi. » Mais n'anticipons pas.....

La guerre est donc venue — nous ne dirons pas surprendre — il l'avait assez crainte ! — mais littéralement désespérer le penseur qui l'avait tant redoutée et qui estimait loyalement que la sagesse des hommes eût pu l'éviter. Elle vient terrasser celui qui a travaillé toute sa vie à préconiser le rapprochement franco-allemand, en soutenant, dit André Maurel, que « la force de l'Allemagne mâle avait besoin de la grâce et de la souplesse, femelles, de la France. » Et ici je relève deux détails :

1° Le rédacteur du *Mercure* observe que, tandis que les maîtres de Romain Rolland avaient reconnu que la France avait besoin de l'Allemagne, leur disciple proclame surtout que c'est l'Allemagne qui a besoin de la France. Je ne vois là rien de blessant pour notre patriotisme ni le sien, au contraire. Car cela prouverait qu'il juge que notre pays se passerait plus facilement de l'autre, que celui-ci du nôtre. Au surplus le résultat d'union eût été identique.

2° Je suis un peu surpris de voir M. André Maurel expliquer bien petitement, par une question — combien déplacée — d'amour-propre, l'attitude de Romain

Rolland, qu'il justifie par sa crainte d'entendre condamner son œuvre ; et il écrit bien séyèrement : « Par vanité et par intérêt, Romain Rolland n'a pas voulu, reconnaissant qu'il s'était trompé, brûler l'œuvre de tant d'années de travail. considérée en Allemagne comme le plus grand chef-d'œuvre des cinquante dernières années..... Et j'ai le droit de proclamer ici, dans mon domaine de psychologie. la faiblesse et l'abdication. Non nou ! M. Romain Rolland ne s'est pas trompé : c'est la France qui se trompe ! »

Eh bien ! je ne crois pas que, contrairement à cette solennelle affirmation, M. André Maurel ait ce droit. Sans doute, et même sans aucun doute à mes yeux. Romain Rolland s'est trompé — je le dirai et tenterai de le démontrer plus loin — mais je suis persuadé qu'il a été et qu'il est, comme je veux l'être ici moi-même, de bonne foi. C'est-à-dire qu'il a cru que sa conscience lui commandait d'agir comme il l'a fait, sans écouter une seconde les suggestions d'un intérêt vil et méprisable qui lui répugnerait. On ne saurait lui faire d'injure plus blessante ; car c'est un convaincu, un grand honnête homme, un chimérique et un illuminé si l'on veut, mais pas un aventurier soucieux de sa réputation et de ses droits d'auteur (1). Enfin nous verrons, texte en main, qu'il n'a d'ailleurs jamais écrit que la France se trompait. Il a dit que certains Français, qui attisaient la haine et l'incendie. se trompaient. Or un moine ne fait pas plus l'abbaye qu'une hirondelle ne fait le printemps... On l'a souvent dit, jamais peut-être avec autant d'opportunité que maintenant.

Mais nous allons voir — et c'est ce que je reproche

(1) Les Croix-Rouges qui se sont partagé les centaines de mille francs de son prix Nobel le pourraient attester.

en général aux détracteurs de l'écrivain, que par là
même ils me feraient défendre plus véhémentement
que je ne le voudrais — que du domaine des inexactitudes psychologiques il est aisé de passer presque in-
sensiblement dans celui des inexactitudes matérielles.
C'est ainsi que M. André Maurel écrit : « Romain Rolland défend, dans *Jean Christophe*, le droit à la vie épa-
nouie, achevée ; dans *Au-dessus de la mêlée*, il l'a trans-
porté de l'individu à la nation et il a COMPRIS L'ALLE-
MAGNE CONQUÉRANTE D'AUJOURD'HUI. C'est au nom de la
nécessité pour l'Allemagne de posséder la Belgique et
une partie de la France que la guerre a déchaîné ses
horreurs. Un peuple nombreux et fort a droit à l'expansion et à la domination. La puissance contient toute
légitimité : elle peut donc être malhonnête. Son triomphe
est honnête par définition. Il y a identité entre succès
et honnêteté. Quant au devoir, il réside dans l'obliga-
tion d'aider à ce triomphe légitime... Le besoin pour
l'Allemagne de posséder la France et Paris est un besoin légitime auquel le peuple choisi pour compléter
l'Allemagne n'a pas le droit de se refuser, puisque
l'Allemagne a été choisie par Dieu pour régénérer l'humanité.... La philosophie générale de ce livre est celle
des conquérants qui envahissent et dévastent au nom
du droit supérieur que tout homme possède de déve-
lopper les facultés et d'imposer la supériorité à l'infé-
riorité (1). L'honnêteté se confond avec la puissance....
Au-dessus de la mêlée répond exactement à cette préoc-

____

(1) M. André Maurel n'a donc pas vu jouer, il y a quelques
dix ans, au théâtre des Arts, une bien belle pièce de M. Lenor-
mand, intitulée : « *Les possédés* » ? Elle posait excellemment ce
problème et affirmait ce droit, du moins pour l'individu. Elle fut
d'ailleurs très discutée, mais constitua indubitablement en tout
cas le drame le plus intéressant de la saison. (Il a fallu l'éditeur
d'art et de goût qu'est Georges Crès pour le révéler seulement
en 1918 au « grand public »).

cupation où l'Allemagne prédomine, *reste le souci de l'auteur qui ne pense jamais qu'à elle seule ;* et voilà bien pourquoi cet opuscule nous choque tant. »

Pardon, M. André Maurel, mais avez-vous lu *Au-dessus de la mêlée ?* Car je vous avoue que c'est votre appréciation qui me choque. Jamais, au grand jamais, Romain Rolland n'a soutenu l'ombre même d'une semblable thèse, puisqu'au contraire il s'élève avec indignation — nous le lirons ensemble plus loin — contre les crimes que la Prusse a fait commettre par l'Allemagne, et parmi lesquels il place au premier plan la violation de la neutralité de la Belgique, garantie par la signature de l'Allemagne. Est-il permis de défigurer à ce point la pensée et les écrits d'un homme ? Cela n'est pas un procédé de discussion et je m'en étonne pour le moins.

Il est vrai qu'une fois sur la pente, la glissade est facile, et c'est ce qui excuse en partie la conclusion de M. André Maurel : « Le pédant germanique, écrit-il, a passé tout entier dans le cerveau de M. Romain Rolland au point d'en faire un cerveau *purement allemand.....* Le chant du coq gaulois réveillera-t-il un jour ce Pierre qui ne connaît plus son maître au Jardin des Oliviers ? *Combien de temps encore M. Romain Rolland restera-t-il allemand ?.....* » .

En vérité je n'hésite pas à écrire que ce langage est si odieux que la Censure se serait honorée en coupant au moins les deux dernières phrases, qui constituent une injure gratuite et vide de sens. En effet, illogique avec lui-même, ce qu'André Maurel reproche à Romain Rolland, si je ne m'abuse, c'est de n'avoir point renié son maître, de n'avoir point renié ses amis allemands, de n'avoir point renié ce Jean-Christophe, dont, en effet Romain Rolland avait fait une sorte d'apôtre et à qui, inconsciemment ou non — pourquoi personne ne l'a-t-il remarqué ? — il avait donné les initiales de Jésus-

Christ. En tout cas Romain Rolland lui-même tire une légitime fierté de sa fidélité, courageuse quoi qu'on dise, et il écrit dans sa préface : « Nourri de ces pensées, j'ai tâché d'en partager le pain de vie avec mes frères, et, quand la guerre est venue, je n'ai pas cru devoir les renier, parce que l'heure était arrivée de les mettre à l'épreuve. » Je ne commente pas : le lecteur s'en chargera.....

Quant à la double accusation portée contre l'écrivain d'avoir un cerveau allemand et d'être — au moins provisoirement — allemand, c'est par les textes mêmes de l'inculpé, si j'ose dire, que j'entends la réfuter le plus éloquemment, ce qui me conduira logiquement à l'examen critique de ces textes mêmes.

*
* *

« La France est le grand jardin de la civilisation européenne. »

(Romain Rolland).

*
* *

Pour laver Romain Rolland de cette sournoise et pourtant fréquente insinuation — car Platon sut couvrir Homère de fleurs avant de le chasser de sa République, et tout à l'heure je ne serai peut-être pas tendre pour M. Romain Rolland — il suffira de citer quelques-unes de ses déclarations, empruntées à tous les articles qui forment le livre incriminé. Et après chacune de ces citations, je prie une fois pour toutes le lecteur de vouloir bien se demander si ce langage est celui d'un Allemand. Ouvrons le livre et citons dans l'ordre même des articles :

« Je n'ai même pas élevé la voix quand j'ai vu vos armées violer la neutralité de la noble Belgique. Ce *forfait contre l'honneur,* qui soulève le mépris dans

toute conscience droite, est trop dans la tradition politique de vos rois de Prusse : il ne m'a pas surpris. Mais
la fureur avec laquelle vous traitez cette nation ma-
gnanime, dont le seul crime est de défendre jusqu'au
désespoir son indépendance et la justice, comme vous-
mêmes, Allemands, l'avez fait en 1813, c'en est trop !
L'indignation du monde se révolte..... Et non contents
de vous en prendre à la Belgique, vous faites la guerre
aux morts, à la gloire des siècles. Vous bombardez
Malines. Vous incendiez Rubens. Louvain n'est plus
qu'un monceau de cendres. Louvain avec ses trésors
d'art, de science, Louvain, la ville sainte. Mais qui
donc êtes-vous et de quel nom voulez-vous qu'on vous
appelle à présent, vous qui repoussez le titre de Barbares ? Êtes-vous les petits-fils de Gœthe ou ceux d'At-
tila ? Est-ce aux armées que vous faites la guerre, ou
bien à l'esprit humain ? Tuez les hommes, mais respectez les œuvres ! C'est le patrimoine du genre humain. En le saccageant comme vous faites, vous vous
montrez indignes de ce grand héritage, indignes de
prendre rang dans la petite armée européenne qui est
la garde d'honneur de la civilisation..... Si vous ne
protestez pas contre ce crime qui rejaillit sur vous,
vous montrez de deux choses l'une — ou bien que
vous l'approuvez (et alors que l'opinion du monde
vous écrase !), ou bien que vous êtes impuissants à
élever la voix contre les Huns qui vous commandent,
et alors de quel droit pouvez-vous encore prétendre,
comme vous l'avez écrit, que vous combattez pour la
cause de la liberté et du progrès, puisque vous prou-
vez au monde que vous n'êtes même pas capables de
défendre votre propre liberté ? »..... « J'aime à voir
que ce n'est pas dans les pays *latins* que ce devoir
sacré de respecter les œuvres et les choses n'a jamais
pu cesser d'être tenu pour le premier de tous. *Notre*

France, qui saigne de tant d'autres blessures n'a rien souffert de plus cruel que de l'attentat de son Parthénon, la cathédrale de Reims, Notre-Dame de France. C'est que nous mettons l'esprit au-dessus de la chair, *bien différents en cela de ces intellectuels allemands*, qui tous, à mes reproches pour les autres sacrilèges de leurs armées dévastatrices m'ont répondu d'une voix : « Périssent tous les chefs-d'œuvre plutôt qu'un soldat allemand ! »..... « Race de Pharisiens ! Quel châtiment d'en haut flagellera votre orgueil sacrilège ? Que vous êtes maladroits ! Quels reproches, quels remords vous vous préparez pour l'avenir ! »

Et Romain Rolland cite, indigné, le « monstrueux article » de Thomas Mann, s'acharnant à proclamer que la pensée allemande n'a pas d'autre idéal que le militarisme et à faire l'apologie de la force opprimant la faiblesse. Et il dénonce, pour le flétrir, cet aveu allemand : « On a le droit de détruire, quand on a la force de créer ». Il lance aux Allemands ce cri d'alarme : « Parfois une victoire d'en bas est une défaite d'en haut » ; et il ajoute, en une phrase qui est un fort bel alexandrin :

« Et les Belges vaincus vous ont ravi la gloire ! »

Plus loin il discute avec l'ennemi, peine sans doute inutile, mais qu'il veut prendre quand même :

« Vous répondez, dit-il :

1° La guerre est la guerre. — Nécessité ne connait pas de loi.

2° L'Allemagne est l'Allemagne.

Mais :

1° Les plus grands peuples sont ceux qui défendent contre cette doctrine leur âme immortelle ;

2° Alors les droits, que l'Allemagne s'arroge, de violer le droit, n'appartiennent qu'à elle. Et c'est un crime que de se défendre contre elle, quand elle déchire ses traités et trahit ses serments ?.... »

Ici je sollicite la permission d'ouvrir une parenthèse personnelle pour demander à M. André Maurel comment il concilie tout cela avec le cerveau allemand de l'Allemand provisoire Romain Rolland, et notamment la dernière discussion de l'écrivain sur la thèse allemande avec l'assertion du critique que Romain Rolland reconnaît à l'Allemagne tous les droits, quand au contraire il lui conteste formellement celui d'en violer aucun.

Mais, pour en terminer avec cette accusation capitale, que lancent sans cesse contre Romain Rolland ceux qui ne l'ont point lu, — ou qui l'ont lu trop vite — continuons ces citations, d'ailleurs intéressantes à d'autres points de vue.

Il s'adresse aux Français, ses compatriotes, et il s'écrie :

— « O mes amis, vous vaincrez, je le sais ; votre abnégation, votre intrépidité, votre foi absolue en votre cause sacrée, la certitude inébranlable qu'en défendant VOTRE TERRE ENVAHIE, vous défendez les libertés du monde, m'assurent de votre victoire, jeunes armées de Marne et Meuse, dont le nom est gravé désormais dans l'Histoire, à côté de vos aînés de la Grande République..... Comme me l'a dit l'un de vous en m'embrassant étroitement sur le terrible seuil : « Il est beau de se battre les mains pures et le cœur innocent, ET DE FAIRE AVEC SA VIE LA JUSTICE DIVINE ».

Avouons qu'il serait bien singulier, cet Allemand qui reconnaîtrait que c'est le soldat français qui fait la justice divine.... Mais où rencontrer celui qui écrirait ce qui suit :

« *Qui a lancé ces fléaux* ? Qui, sinon les trois grands coupables, les trois aigles rapaces, les trois empires : la tortueuse politique de la Maison d'Autriche, le tsarismo dévorant et la Prusse brutale. Le pire ennemi, c'est ce monstre à cent têtes qui veut tout absorber ou soumettre ou briser, qui ne tolère point de grandeur libre hors sa volonté d'orgueil et de domination. Mais, de tous. *le plus dangereux pour nous, hommes de l'Occident,* CELUI DONT LA MENACE LEVÉE SUR LA TÊTE DE L'EUROPE L'A FORCÉE A S'UNIR EN ARMES CONTRE LUI EST CET IMPÉRIALISME PRUSSIEN, qui est l'expansion d'une caste militaire et féodale, fléau non pas seulement pour le reste du monde, mais pour l'Allemagne même, dont il a savamment empoisonné la pensée. C'est lui qu'il faut détruire d'abord, en reprenant la devise de Voltaire : « Ecrasons l'infâme ! »

Et pour accentuer sa pensée dans le degré de répugnance et de responsabilités où il tient les trois empires, il ajoute : « Le tsarisme est l'ennemi de l'élite intellectuelle de la Russie elle-même, tandis que la vôtre, Allemands, suit servilement les ordres de vos maîtres..... Les nations civilisées ont lu, non sans stupeur, sous l'attestation authentique des noms les plus illustres de la science, de l'art et de la pensée d'Allemagne, qu'il n'est pas vrai que l'Allemagne ait provoqué la guerre, qu'il n'est pas vrai que l'Allemagne ait criminellement violé la neutralité belge, qu'il n'est pas vrai que l'Allemagne ait détruit Louvain (elle l'a sauvé ?), qu'il n'est pas vrai que..... » ..... « que le jour soit le jour ni que la nuit soit la nuit. Grâce à Dieu, en Russie, les crimes du tsarisme n'ont jamais trouvé, pour les défendre, la plume des grands artistes, des penseurs et des savants. Kropotkine, Tolstoï, Dostoïevski, Gorki, tout ce qui a un nom dans la littérature, les ont au contraire dénoncés au monde..... »

Ailleurs il demande comment il se fait que les Polonais préfèrent encore la domination russe à la domination allemande, et il publie in extenso une longue et belle lettre d'un Lithuanien, écrivant qu'en comparaison des Allemands, les Russes apparaissent comme les libérateurs, et contenant ce détail : « *Même aujourd'hui encore, ce sont les représentants des Allemands dans la Douma russe qui s'opposent aux rares intentions du Gouvernement d'apporter quelques réformes dans les provinces baltiques.* »

Après avoir encore rappelé que « l'Europe ne peut passer l'éponge sur les violences faites, sur la dévastation de Malines et de Louvain saccagées (1), et que, *entre l'esprit germanique d'aujourd'hui* et celui du reste de l'Europe, il n'y a plus de point de contact », Romain Rolland apporte cette conclusion qui n'apparaîtra tout de même pas comme celle d'un Allemand, même provisoire : « Les Allemands qui usent toujours du mot de *Barbares* quand ils parlent des Russes, *ont moins de droit à le faire que quiconque* ». Est-ce formel ?.....

Et j'en ai terminé avec ces citations, que ne renierait pas M. Maurice Barrès lui-même. Elles me paraissent prouver péremptoirement — ce qu'on aurait pu croire superflu et qui, cependant, était indispensable — que la pensée de Romain Rolland ne saurait être insidieusement dénaturée au point d'en faire un approbateur des crimes allemands, qu'il a, on le voit, flétris comme il convenait.

Ce point étant établi, nous allons naturellement — et c'est l'objet de cette étude — examiner les tempéraments et les correctifs plus ou moins fâcheux que l'écrivain a cru devoir apporter à son indignation. L'âpreté avec laquelle je l'ai défendu est garante de mon impartialité et me permettra de le critiquer avec la même fermeté. *Qui bene amat bene castigat*.....

---

(1) A l'époque, en 1914, il ne pouvait être encore dressé la longue liste des forfaits allemands commis par la suite.

*
**

Ceux qui n'ont point lu *Au-dessus de la mêlée* — et malgré le succès du livre, il y en a tout de même quelques milliers — peuvent s'étonner *a priori* qu'un Français qui voit si juste puisse accorder quelques circonstances atténuantes aux criminels. Cela vient d'une part de l'immense générosité du cœur de Romain Rolland, et, d'autre part, du point de vue, un peu différent du nôtre, auquel il se place, et qui entretient chez lui des illusions que nous devons maintenant percer.

Les fautes de raisonnement de l'écrivain, que je vais d'ailleurs énumérer, proviennent de trois ou quatre erreurs fondamentales qui ont faussé et vicié à la base tout son système et par conséquent toutes les déductions qu'il en pouvait tirer.

1° Il considère l'Allemagne comme corrompue par l'impérialisme prussien, qui a, dit-il, « enfoncé sur les yeux allemands et jusque sur leur conscience son casque à pointe » ; et partant le *peuple allemand comme irresponsable* des forfaits que plus ou moins inconsciemment il a été amené à commettre, dans un entraînement et une griserie funestes. Il écrit : « Quelques raisons que j'aie de souffrir aujourd'hui par votre Allemagne et de juger criminels la politique allemande et les moyens qu'elle emploie, je n'en rends point responsable le peuple qui la subit et s'en fait l'aveugle instrument »..... Aveugle en effet, car « pas un de ceux qui constituent l'élite intellectuelle de l'Allemagne ne se doute vraiment des crimes de son gouvernement ; pas un des atrocités commises en Wallonie, dans le Nord et dans l'Est français ; pas un de la dévastation volontaire des villes de Belgique et de la ruine de Reims. S'ils venaient à envisager la réalité, je sais que beau-

coup d'entre eux pleureraient de douleur et de honte. »
Et c'est pourquoi, quand il va jusqu'à prononcer le
nom de *crimes inexpiables*, en parlant de ceux des Allemands, il ajoute aussitôt : « Et pourtant nous ne
rendons pas un peuple responsable des actes de quelques-uns ! »

Sans doute l'argument est assez impressionnant, et
il a été fortifié par le fait que les Etats-Unis et le président Wilson n'ont jamais déclaré la guerre ni au
peuple allemand ni même à l'Allemagne, mais uniquement au gouvernement impérial allemand. D'autre
part tous les esprits indépendants reconnaissent que
l'Allemagne avait produit et produisait des œuvres intéressantes dans toutes les branches de l'activité humaine. Il faut être M. Camille Saint-Saëns pour avoir
une conception aussi misérable de la concurrence. Mais
des cerveaux et des hommes, de la valeur d'Henri
Coulon par exemple, parlent de la pensée allemande
« si productive et si admirée à juste titre ». Cependant
M. Romain Rolland me permettra-t-il de lui dire que je
trouve cet argument spécieux, et ne trouvera-t-il pas
élégant que ce soit lui-même qui fournisse les éléments
de sa réfutation, dans ce passage qu'il cite d'une lettre
ouverte de Gerhart Hauptmann à Maurice Maeterlinck,
et où l'Allemand écrivait imprudemment sa condam-
nation dans les lignes suivantes, qui voulaient être trop
habiles : « Non, nous ne sommes pas des Barbares. Nos
témoins sont aux frontières, le socialiste à côté du bour-
geois, le paysan à côté du savant, le prince à côté de
l'ouvrier. » Eh ! justement, c'est ce qui me permet de
dire que le peuple allemand n'a pu ignorer les crimes
de ses armées, qu'il s'en est fait volontairement le com-
plice et même le co-auteur, quand ce ne fut pas l'auteur
principal, et je n'admets pas qu'on vienne me dire que
cet agneau pascal à tête de loup n'a rien vu, parce

qu'instrument aveugle. Car à moins que tous les Boches ne soient bêtes à ne manger que du foin — et ils ne le sont pas — à qui fera-t-on croire qu'ils ne se rendirent compte ni des pillages, ni des vols, ni des exactions, ni des viols, ni des exécutions, ni des déportations, ni des assassinats, ni des mutilations qu'ils commirent *eux-mêmes ?*

2° Une autre erreur fondamentale de Romain Rolland consiste à oublier *les origines et les responsabilités de la guerre*, et, *à assimiler les buts de guerre de l'Allemagne aux nôtres.*

a) Sur les origines de la guerre, jamais il n'apporte de précisions. Très fort pour passer sous silence ce qui le gêne — il eût été un avocat tout à fait remarquable — Romain Rolland n'y fait que des allusions. Elles sont alors fatalement fâcheuses. C'est ainsi qu'il parle d'une vague de folie meurtrière venue de Tokio, il y a dix ans, déferler sur l'Europe, et qu'il écrit : « Etait-il impossible d'arriver entre vous, sinon à vous aimer, du moins à supporter chacun les grandes vertus et les grands vices de l'autre ? Et n'auriez-vous pas dû vous appliquer à résoudre dans un esprit de paix — vous ne l'avez même pas sincèrement tenté — les questions qui vous divisaient ?..... Qu'en ce moment, chacun fasse son *mea culpa !* Qu'avons-nous fait pour empêcher la guerre ?..... »

Dans tout ce couplet l'écrivain se **trompe d'adresse**. Qu'au lieu d'accabler de ses reproches du début les deux groupes de belligérants, il n'en accable donc qu'un seul, celui qui a voulu la guerre, il l'a par ailleurs reconnu lui-même, dans un but de conquête ! Quant à nous, il sait pertinemment que d'une part la France a toujours témoigné, notamment sous le ministère Caillaux, de cet esprit de paix dont il parle, et que, d'autre part, aux jours tragiques de fin juillet 1914, notre gouvernement a tout fait pour éviter la catastrophe, allant jusqu'à donner à nos troupes l'ordre de reculer de dix kilomètres, pour éviter tout incident, ce qui était un sacrifice qu'on peut mesurer aujourd'hui au prix où nous faisons céder le terrain. L'histoire et les documents diplomatiques sont là pour prouver que constamment la France a été prête à l'examen et à la solution pacifiques de toutes les difficultés et qu'elle a poussé les concessions aux extrêmes limites de sa dignité nationale. A moins de se laisser envahir et d'accueillir les Prussiens à Paris sans doute en libérateurs, notre Patrie ne saurait donc encourir, sans injustice, ce reproche malheureux de n'avoir point fait tout ce qu'il était humainement possible de faire pour éviter le fléau ; et si un *mea culpa* doit être fait aujourd'hui par quelques-uns, ce n'est pas par chacun de nous, mais uniquement par ceux qui sentent maintenant qu'ils paieront de leur défaite leur criminelle tentative. Quant à la folie meurtrière et contagieuse de Tokio, elle a peut-être exercé ses ravages en Allemagne, mais notre fureur à nous, n'ayant été que défensive, j'aimerais assez que M. Romain Rolland ne confondît pas si fâcheusement la fureur de l'apache qui se livre à une attaque nocturne et celle du malheureux passant qui le repousse pour défendre sa peau.....

b) Sur les buts de guerre des belligérants, l'écrivain a également tendance à de regrettables assimilations. C'est ainsi qu'il dit aux Allemands : « Votre patrie, comme la nôtre, lutte *pour l'existence* », et qu'ailleurs il apostrophe les soldats des deux camps en leur criant : « Vous tous, jeunes hommes de toutes les nations, qu'un *commun idéal* met tragiquement aux prises..... »

Eh bien non, non ! Nous ne pouvons admettre ce

langage. Les nôtres luttent pour l'existence de leur patrie, oui, parce qu'elle est envahie, et que le sort réservé par l'Allemagne à la Belgique est là pour nous indiquer celui qu'elle nous offrirait. Mais les soldats allemands n'ont lutté que pour annexer de nouveaux territoires et conquérir de nouvelles Alsace-Lorraine. *L'existence de leur patrie l'exigeait-elle ?* Dès lors, l'idéal des soldats ne saurait être le même des deux côtés, Dieu merci !.... Non seulement dissemblable, il est même contraire, car l'idéal du soldat français est la liberté, et celui du soldat prussien : l'esclavage et l'asservissement, pour le compte de son maître le roi de Prusse !

3° Une troisième erreur capitale de Romain Rolland réside dans la ténacité exagérée de ses illusions, voire même dans son entêtement aveugle dont les exemples abondent :

a) Sa confiance absolue et un peu naïve en un ressaisissement allemand est attestée par ces lignes, empruntées à plusieurs pages. Ici, s'adressant aux Allemands, il écrit : « La vérité finira par se faire jour en vous. Elle parlera. Elle parlera par la bouche de l'un des vôtres, en qui se sera réveillée la conscience de votre race. » Là, il réitère son acte de foi, d'espérance, et, disons-le, de charité, en ces termes : « Je sais déjà quelques esprits allemands où j'ai vu naître l'inquiétude, et qui commencent à réclamer les droits de l'esprit contre la force..... Comme je disais à la Foire sur la place qui encombrait Paris : « Vous n'êtes pas la France », je dis aujourd'hui à la Foire allemande : « Vous n'êtes pas la vraie Allemagne ». Il en existe une autre, plus juste et plus humaine, dont l'ambition n'est pas de dominer le monde par la force et par la ruse, mais d'absorber tout ce qu'il y a de grand dans

les pensées des autres races et d'en rayonner en retour
l'harmonie..... Je vois se produire dans la pensée de
certains Allemands une évolution secrète, des doutes
angoissés sur la légitimité des actes commis en Belgique..... La vérité lentement se fait jour.... »

Ces articles datent de septembre et d'octobre 1914.
Nous voici en juin 1918 ; plus de trois ans ont passé.
Je pose à M. Romain Rolland ces simples questions :

La vérité a-t-elle parlé ?

La conscience de la race allemande s'est-elle réveillée ?

Où sont ces esprits déjà inquiets en octobre 1914,
qui doivent l'être beaucoup plus, en même temps que
plus nombreux, aujourd'hui qu'à la suite de nouveaux
crimes accumulés sur d'autres crimes, le monde entier
s'est tourné contre l'Allemagne ?

Comment s'est encore manifestée la vraie Allemagne,
plus juste et plus humaine, décidément bien cachée ?

Enfin à quelle vitesse marche donc la vérité, dans
ce pays-là, si réellement elle se faisait déjà jour il y a
près de quatre ans ?

b) Un autre exemple d'aveuglement est fourni par
son attitude après l'envoi de sa belle lettre à Gerhart
Hauptmann, qu'il avait terminée ainsi : « L'opinion européenne, comme moi, attend de vous une réponse qui
soit un acte. Songez-y : en un pareil moment, le silence
même est un acte. »

Or Gerhart Hauptmann n'a pas répondu. Alors Romain Rolland n'aurait-il pas dû être, par là même et
de suite fixé ?....

Oh ! il ne dissimule d'ailleurs pas sa déception et sa
souffrance de ce silence. Dans son réquisitoire contre
les intellectuels allemands, coupables d'avoir docile-
ment accepté, sans enquête, les nouvelles « que leur

donnaient en pâture leurs journaux et leurs chefs », il écrit : « Ils n'ont pas vu que le plus noble moyen de défendre l'honneur de leur Etat était de réprouver sa faute et d'en laver leur patrie..... J'ai attendu ce viril désaveu, qui aurait pu grandir l'Allemagne au lieu de l'humilier. Ma lettre à l'un d'eux a été reçue en ennemie. Je ne demandais qu'une voix, une seule qui fût libre. Aucune n'a parlé..... »

Eh bien alors !..... N'était-ce pas suffisamment édifiant, et peut-on, après ce cri du cœur échappé comme un aveu, venir soutenir que tout ce peuple allemand n'est qu'un aveugle instrument ? Allons, je veux bien qu'il soit aveugle ; mais c'est une cécité de commande et de complaisance ! Or l'infirme pour les besoins de la cause ne m'intéresse que médiocrement, je le confesse, parce qu'en ce moment surtout, les simulateurs ont une très mauvaise presse. En tout cas, qu'il soit aveugle par persuasion, aveugle de naissance ou aveugle par contagion, dès l'instant qu'il est dangereux, je me vois obligé, avec mille regrets, de le traiter comme les fous furieux, cependant irresponsables, à qui l'on passe la camisole de force pour les empêcher de nuire. Après quoi il est moins dangereux de se lamenter sur leur malheureux sort..... Mais avant, pourquoi s'attarder à discuter avec eux et à vouloir les persuader ou les convaincre ? C'est risquer ou de recevoir un mauvais coup ou de devenir comme eux.....

4° Enfin une quatrième erreur capitale de Romain Rolland est de s'être laissé entraîner à un mouvement spontané très beau, mais *sans aucune sanction pratique*, et risquant même d'avoir des conséquences qui — circonstance aggravante — ne lui ont pas échappé.

Il écrit en effet : « Pourquoi publier ces pages (citation de lettres et d'articles d'allemands pacifistes) me demanderont quelques-uns en France. A quoi bon, quand la guerre est lancée, attirer la pitié sur des adversaires, *au risque d'émousser l'ardeur des combattants ?* »

Je répondrai, dit-il : « Parce que c'est la vérité, et que cette vérité légitime notre jugement, le jugement de l'univers contre les chefs de l'Allemagne. »

Mais, pardon, il ne s'agit pas ici de vérité spéculative. Il s'agit d'un résultat pratique et réel. Or il est certain que, si l'on rappelle ou démontre à un soldat qui monte à l'assaut, que c'est un frère ou un brave homme qu'il va embrocher, on lui enlève une part de cet enthousiasme que les nôtres ont souvent puisé dans leur juste indignation des crimes allemands. Et pour le bonheur ou l'honneur de dire une vérité *inutile*, — en admettant que c'en soit une — on peut certainement, sans le vouloir et sans y songer bien entendu, faire du mal à son pays.

Sans doute je ne veux point dire par là que j'approuve davantage ceux qui, tranquillement et confortablement assis dans leur fauteuil, excitent les haines d'un cœur léger. Et j'approuve Romain Rolland quand il dit : « Il me semble notamment que, pour ceux qui continuent d'écrire, il y aurait mieux à faire qu'à brandir une plume sanguinaire, et, assis devant leur table, à crier : « Tue, tue ! » Héros de cabinet, matamores de la Presse, les coups que vous portez atteignent bien souvent, sans que vous vous en doutiez, les vôtres, vos soldats, vos prisonniers, livrés aux mains de l'ennemi, car ils répondent pour vous du mal que vous avez fait et vous vous dérobez ! »

C'est très vrai. Mais ce n'est peut-être pas une raison suffisante pour tomber dans l'excès contraire. J'aime assez le juste milieu, cher aux Latins. *In medio stat virtus.* Et, entre les deux extrêmes, j'ignore sincèrement quel est le plus nuisible : que M. Romain Rolland y prenne garde !

En tout cas, je le répète, au point de vue pratique qui nous intéresse et doit *seul* nous intéresser tant que la guerre ne sera pas finie, que veut-il ? qu'espère-t-il ? quel est son but ? Il ne parviendrait, s'il pouvait être suivi, qu'à rendre le soldat français plus malheureux, et à le faire souffrir davantage, en lui donnant la notion qu'il lutte contre des irresponsables, notion d'ailleurs fausse, je l'ai aisément démontré.

Car lorsqu'il vient dire : « Au lieu d'acculer à la grandeur d'une défense désespérée ce peuple aveuglé, tâchez de lui ouvrir les yeux ; ce n'est pas impossible », je réponds : « C'est ce qu'a tenté de faire, en ses messages et réponses, le président Wilson, mais sans aucun résultat jusqu'ici. Et, en attendant que ces yeux veuillent bien s'ouvrir, il faut bien continuer la guerre : alors ? »

Lorsqu'il vient dire : « Le devoir est de construire et plus large et plus haute, dominant l'injustice et les haines des nations, l'enceinte de la ville où doivent s'assembler les âmes fraternelles et libres du monde entier... L'humanité est une symphonie de grandes âmes collectives », je réponds : « Construction prématurée, puisque, pour bâtir cette cité et cette enceinte, manquent les ouvriers manuels et intellectuels, tant que durera la guerre, qu'il faut finir et gagner d'abord. » Alors ?

Et puis — que M. Romain Rolland me permette cette parenthèse — : Cette ville devra-t-elle immédiatement accueillir les âmes qui se seront, d'elles-mêmes, mises hors l'humanité ?

Lorsqu'il vient dire : « Au nom du ciel, que ces forfaits ne soient pas réparés par des forfaits semblables !... Que la paix soit juste, sans appétits, sans forfaits, sans représailles ! », je réponds : Bravo, bravo ! Mais pour que la paix soit juste, il faut qu'elle comporte sinon des représailles, du moins des réparations. Voilà nos mines et nos usines du Nord de beaucoup les plus importantes de France, ou détruites ou systématiquement mises hors d'état d'être de longtemps exploitées. Aucune mine ni aucune usine allemande n'a souffert. Donc, à la paix, ces excellents Allemands, qui nous auront ruinés et paralysés pour tant d'années, pourront occuper le temps pendant lequel nous reconstruirons et réparerons, à inonder de leur kamelote le marché international : Cela serait-il une paix juste ? Alors ?....

Lorsqu'il vient dire : « Il faut que dans la tempête la Suisse se dresse comme une île de justice et de paix, où viennent aborder les nageurs *fatigués* des deux nations et tous ceux qui, malgré les crimes qu'ils ont vus, persistent à aimer tous les hommes comme leurs frères... Gardons la foi en l'unité de la pensée humaine et croyons que tous les hommes sont les fils du même père », je réponds : A quoi bon le proclamer en ce moment ? Il est peut-être permis de contester ou tout au moins de renier une fraternité avec des humains qui se conduisent en sauvages. Mais s'ils sont nos frères quand même, et s'il nous faut inéluctablement les tuer sous peine d'être nous-mêmes tués par eux, à quoi bon nous rappeler à l'instant du drame nécessaire et fatal, que cette inévitable lutte est fratricide ? Alors ?

Lorsqu'il vient dire : « Ah ! jeunes gens, comme vous nous vengez des années de scepticisme !... Que rien ne trouble votre joie ! », je réponds : Pourquoi venir la troubler vous-même par l'apport d'un scepticisme bien plus troublant sur la beauté totale de la cause et susceptible de paralyser ou d'engourdir un enthousiasme admirable ? Alors ?

Lorsqu'il vient dire : « Qui brisera les idoles ? Qui

ouvrira les yeux à leurs sectateurs fanatiques ? » je réponds : Il ne s'agit pas, pour l'instant, de briser des idoles. Il s'agit de vaincre, c'est-à-dire de vivre ou de mourir. Et j'imagine que M. Romain Rolland ne considère pas comme une idole à briser le sentiment qui incite nos soldats à repousser l'ennemi. Alors ?

Lorsqu'il vient dire : « Cultivez votre jardin, nous cultivons le nôtre... Intellectuels d'Allemagne, intellectuels de **France, labourez et semez les champs de** votre esprit, mais respectez celui des autres », je réponds : A quoi cela rime-t-il ? Je ne sache pas que les intellectuels français se soucient profondément d'organiser le monde allemand. Et ce n'est pas nous qui avons voulu porter en Allemagne la culture française... Alors ?.....

Lorsqu'il vient dire : « Allons, ressaisissons-nous ! » je demande : A propos de quoi, vis-à-vis de qui et pourquoi faire ? Y a-t-il actuellement pour nous une autre attitude *possible* que celle de chasser un envahisseur voleur, assassin et goujat ? Or n'est-ce point ce que nous essayons de faire et faisons petit à petit ? Alors ?...

Lorsqu'il vient dire : « L'amour de la patrie ne peut-il fleurir que dans la haine des autres patries et le massacre de ceux qui les défendent ? Ce dilettantisme néronien me répugne », je réponds : Mais à nous aussi, il nous répugne et à tous ceux qui ont un cœur et qui sentent. Mais comment cet amour pourrait-il fleurir autrement, lorsque les autres patries haïssent, attaquent et massacrent les premières ? Seulement, ce n'est pas du dilettantisme : c'est une nécessité. Alors ?...

Lorsqu'il vient dire : « Non, l'amour de ma Patrie ne veut pas que je haïsse et que je tue les âmes qui aiment les autres patries », je réponds : Evidemment non, l'amour de ma patrie ne me commande pas de haïr et de tuer ceux qui aiment les autres **patries**, mais il faut ajouter : quand ces gens et ces patries ne viennent ni provoquer et envahir la mienne, ni me tuer. Car autrement que dois-je faire, puisque, si je ne tue pas « cette âme », c'est elle qui me tuera ? Alors ?

Lorsqu'il vient dire : « Vous qui ne tremblez pas devant les balles et les shrapnells, avouez que vous tremblez devant l'opinion soumise à l'idole sanglante, plus haut que le tabernacle de Jésus : l'orgueil de race jaloux ! » je réponds : Il s'agit bien d'orgueil, quand on est en présence d'un ennemi qui viole votre demeure, votre coffre-fort et votre femme, et vous tue, avant ou après, si vous ne le tuez vous-même ! Alors ?

Lorsqu'il vient dire : « Champions de la race germanique, et de la latinité, ennemis, amis, regardons-nous dans les yeux. Mon frère, n'y vois-tu pas un cœur semblable au tien, et les mêmes souffrances, et les mêmes espérances, et le même égoïsme et le même héroïsme ?... « Vois-tu pas que tu es moi », disait le vieil Hugo à l'un de ses ennemis. Le vrai intellectuel, le vrai intelligent est celui qui ne fait pas de soi et de son idéal le centre de l'univers, mais qui, regardant autour, voit, comme dans le ciel le flot de la voie lactée, les milliers de petites flammes qui coulent avec la sienne, et qui ne cherchent ni à les absorber ni à leur imposer leur route, mais à se pénétrer religieusement de leur nécessité à toutes et de la source commune du feu qui les alimente », je réponds : Belle littérature, qui sent la meilleure rhétorique de la Sorbonne, mais combien décevante et combien fausse ! En effet, d'abord, je ne puis, par sa faute, voir mon frère, et encore moins moi-même dans les yeux perfides de l'Allemand sournois, lâche et barbare, où je ne retrouve, Dieu merci, ni les mêmes espérances, ni les mêmes souffrances, ni le même égoïsme, ni le même héroïsme que chez moi. D'autre part, il me paraît assez difficile de me pénétrer de la

« *nécessité* » de l'existence de ces Prussiens, Saxons et
autres voisins, envieux et rapaces, qui nous empêchent
de vivre en paix comme nous le voudrions. Et puis,
enfin, comment l'excellent M. Romain Rolland veut-il
que nous allions nous regarder affectueusement dans
les yeux ? Pour aboutir à la fraternité des armées russo-
allemandes, qui a donné, sur le front oriental, les su-
perbes résultats que l'on sait ? Alors ?

Lorsqu'il vient dire : Parmi ces millions d'hommes
qui ne savent être qu'Allemands, Autrichiens, Russes,
Français, Anglais, etc..., efforçons-nous d'être des
hommes qui, par delà les intérêts égoïstes des nations
éphémères, ne perdent pas de vue ceux de la civilisation humaine tout entière, cette civilisation que *chaque
race identifie criminellement avec la sienne pour détruire
celle des autres* », je réponds que je serais assez curieux
de savoir dans quelles circonstances la race franco-
latine a voulu criminellement identifier la civilisation
humaine avec la sienne pour détruire celle des autres....
Pauvre France qui, en défendant sa liberté, défend en
même temps, selon sa tradition, celle du monde, et
qui se trouve être si bien le champion reconnu du droit
universel que ce monde entier est venu à elle ! Alors?...

Lorsqu'il vient dire : « Faut-il que le plus fort rêve
perpétuellement de faire peser sur les autres son ombre
orgueilleusement et que les autres perpétuellement s'u-
nissent pour l'abattre ? A ce jeu puéril et sanglant où
les partenaires changent de place tous les siècles, n'y
aura-t-il jamais de fin ? », je réponds que cette évocation
maladroite de l'épopée napoléonienne ne saurait atténuer l'effroyable responsabilité du monstrueux Guil-
laume II, qu'on ne saurait comparer à notre Bonaparte.
Le parallèle des chefs et des armées est devenu trop
banal pour que je le refasse ici. Mais tandis que les
Français étaient accueillis en sauveurs à Berlin, ce

n'est tout de même pas la liberté que les troupes du kaiser et du kronprinz prétendent porter aux populations qu'elles dépouillent, aux pays qu'elles dévastent et aux nations qu'elles veulent annexer en esclavage. Alors ?

Lorsque dans l'article même qui donne son titre à tout le volume, Romain Rolland, s'élevant en effet au-dessus de la mêlée, constate que des deux côtés, les ennemis se reprochent mutuellement leur barbarie, ne devrait-il pas, lui qui veut jouer le rôle d'arbitre départiteur, dire courageusement qui mérite à bon droit cette épithète ? Or il a écrit, nous l'avons vu, que l'Allemand était moins qualifié que quiconque pour appeler barbares les Russes. Encore moins les Français, sans doute. Alors ?

Lorsqu'il constate avec étonnement que les puissances morales dont cette guerre a le plus révélé la faiblesse sont le christianisme et le socialisme, que ces apôtres rivaux de l'internationalisme religieux ou laïque se sont montrés soudain les plus ardents nationalistes ; que, d'un côté, vingt mille prêtres français marchent sous les drapeaux, et que, de l'autre, il ne s'est pas trouvé de socialistes pour préférer être fusillés plutôt que de porter les armes contre leurs frères, je réponds :

1° Que M. Romain Rolland, qui cite si bien les paroles divines : « *Tu ne tueras point* » et « *Aimez-vous les uns les autres* », en oublie une troisième : « *Quiconque tirera l'épée périra par l'épée* » ;

2° Que si des socialistes méritent d'encourir le reproche d'avoir méconnu leurs doctrines, ce sont peut-être les socialistes *allemands*, coupables en effet de s'être, sans que leur patrie fût, comme la nôtre, menacée, solidarisés avec l'agresseur, mais pas les socialistes français qui, partisans raisonnables, comme

Jaurès l'avait préconisé, de la guerre pour l'indépendance nationale, aident leurs compatriotes à chasser l'envahisseur. Car c'est une erreur bien fâcheuse que de confondre le bandit et sa victime... Alors ?.....

Lorsque — c'est un détail, mais assez typique — Romain Rolland vient avec ironie reprocher à la science de descendre dans la lice, et à l'éminent directeur du Muséum Edmond Perrier d'avoir écrit « que les Prussiens n'appartiennent pas à la race aryenne, qu'ils descendent en droite ligne des hommes de l'âge de pierre et que le crâne moderne dont la base, reflet de la vigueur des appétits, rappelle le mieux le crâne de l'homme fossile de la chapelle aux Saints, est celui du Prince de Bismarck », je ne comprends ni l'ironie ni l'étonnement de l'écrivain, ni l'utilité d'en faire part. En effet il pourrait au moins être logique avec lui-même. Il accuse la Prusse d'avoir corrompu, pourri et aveuglé l'Allemagne. C'est donc que les Prussiens ne sont tout de même pas, à ses propres yeux, des surhommes ou des prix de vertu, qu'il est dès lors amusant de le voir défendre contre l'assertion logique du savant français. Alors ?.....

.·.

Alors il reste qu'évidemment l'œuvre hardie de Romain Rolland pèche par de nombreux et importants côtés, peut-être même par la base. Pourtant je n'aime point l'objection générale de M. André Maurel : « Si nous souffrons comme il est de notre devoir de souffrir, sous peine de nous révéler monstrueux, comment nourrir la présomption d'un impartial jugement ? ». Je ne l'aime point, dis-je, parce que d'abord Romain Rolland est un sincère qui, bien que n'ayant perdu aucun frère, ni aucun fils à la guerre, en souffre sérieusement et profondément, et parce que si, malgré ses souffrances, l'un de nous a la force d'âme de porter ou de vouloir porter quand même un jugement impartial. ce n'en est que plus beau, et cette noblesse est la plus haute qualité morale de l'homme, du penseur et de l'écrivain. C'est pourquoi il faut savoir gré à M. Romain Rolland, malgré ses erreurs profondes, de l'avoir tenté. C'est un honneur pour les lettres et pour la pensée françaises. Aussi bien une ironie du destin a voulu que le même numéro du *Mercure de France* contint, dans la rubrique de M. Charles-Henry-Hirsch, une citation de Mme Vera Starkoff appelant Romain Rolland « un grand et noble écrivain ».

Et, à côté de fautes de goût et de modestie comme celle qui consiste à écrire : « Qui ne veut point *délirer* comme les autres est suspect », il faut reconnaître l'utilité de son rôle dans plusieurs domaines. Ses appels en faveur des prisonniers de guerre et des prisonniers civils, ses protestations contre les mensonges odieux de la presse, relatifs aux mauvais traitements de ces prisonniers, le sens général d'humanitarisme large et généreux qui se dégage de son œuvre, la grande voix de la pitié qu'il fait entendre, ont certainement contribué à soulager des infortunes, à panser des douleurs, à éviter des mesures de coercition, à rendre les cœurs meilleurs, à désapprendre ou atténuer l'odieuse haine, à préparer peut-être un avenir moins sombre. En cela il n'a pas mérité que de la littérature, mais de l'humanité. Or Victor-Hugo n'a-t-il point justement écrit : « Servir la patrie est une moitié de devoir ; servir l'humanité, c'est l'autre moitié ».

Enfin, maintenant qu'avec le tsarisme disparu, voici la grande majorité des Alliés en République — et ceux des peuples qui n'y sont pas ont, comme la Grande-Bretagne, des gouvernements aussi libéraux —, toutes les nations de l'Entente ne peuvent qu'approuver l'ad-

mirable anathème qu'il lance à l'impérialisme en général, et à l'impérialisme prussien en particulier. Toutes
ne peuvent que souscrire à cette vision vengeresse :
« L'histoire fera justice des bourreaux de leurs peuples,
et les peuples apprendront à se délivrer de leurs bourreaux ». Or si vraiment la révolution allemande était
de nature à hâter la plus heureuse solution de la guerre,
il faudrait savoir également gré à Romain Rolland d'y
avoir puissamment contribué en Suisse, où est réfugiée
une grande part de l'élite de l'Allemagne. Dans sa
très intéressante plaquette : *Une révolution allemande
est-elle possible?* (1) notre distingué confrère Marius-
Ary Leblond pense que « bientôt toute l'Allemagne re-
connaîtra, grâce à l'intelligence de conservation de son
peuple, sinon à son humanité, que la nationalité allemande, que la patrie allemande n'est point menacée
par l'Entente ; que le kaiser veut sacrifier ses derniers
hommes uniquement pour sauver sa dynastie et qu'ac-
culé à l'abdication, il n'hésite pas à risquer de détruire
l'Allemagne ». Puisse le ciel l'entendre et l'Allemagne
surtout, quand il ajoute : « L'élite de l'intelligence allemande se formule déjà — lisez les revues suisses qui lui
sont ouvertes ! — qu'il serait si aisé au peuple allemand,
se révoltant, de rester une puissance européenne. »

Si évidemment une telle éventualité venait à se produire, il est hors de doute que, grâce à son influence et
à son autorité considérables, grâce à ses accointances
parmi cette élite directrice, Romain Rolland en aurait
été, en Suisse, l'un des plus actifs ouvriers, ce qui lui
permettrait alors de soutenir qu'il a fait œuvre non
seulement de grand citoyen du monde, mais de grand
Français.

Aussi je l'admirerais, au lieu de le condamner, s'il

(1) Albin Michel, éditeur.

avait simplement attendu la fin de la guerre pour faire son prêche en grande partie momentanément inutile, et en dernière analyse quelque peu dangereux.

On se souvient sans doute du mouvement de générosité infinie auquel s'était laissé aller aussi un autre grand écrivain français, dont la gloire rayonnera certainement à travers les siècles : Anatole France. Il avait écrit à peu près ceci : « Et comme le peuple romain le faisait à l'égard des vaincus, le peuple français admettra dans son amitié le peuple allemand ». Le mot eut une très mauvaise fortune, non pas parce que le chauvinisme étroit est très prisé chez nous, mais parce que, d'une part, l'heure était bien mal choisie de lancer un tel défi aux veuves, aux orphelins, et aussi, il faut bien le dire, aux combattants, et que, d'autre part, vraiment les Allemands ont exagéré dans la barbarie et ont rendu pour longtemps impossible toute commisération, même de la part de ceux qui voudraient loyalement s'affranchir des opinions couramment admises et ne penser qu'en hommes, oublieux de toute frontière.

De même que l'heure n'est pas non plus aux vaines lamentations, ni aux déprimants appels à une fallacieuse fraternité, l'heure est au langage de l'Allemand Helfferich, qui disait récemment : « On ne peut pas cacher que, malgré l'héroïsme de nos troupes, nous succomberons si nous manquons de la force morale qu'exige de nous l'heure actuelle. Il nous faut être dénués de sentimentalité, aussi bien pour nos ennemis que pour nous. C'est dur, ce que je dis là. Pourtant ce n'est pas moi qui suis dur. C'est l'époque qui est impitoyable. Là-bas, sur le front, des centaines de milliers de vies humaines sont sacrifiées ; nos frères meurent avec joie ; nos chefs, qui ont un cœur dans la poitrine, envoient pourtant leurs troupes à la mort quand il le faut... »

L'heure est au puissant langage de ce Président du Conseil, dont la juste déclaration contenait cette phrase : « Prolonger la guerre un jour de trop, ce serait commettre le plus grand crime de l'histoire, mais l'interrompre un jour trop tôt serait livrer la France au plus dégradant des servages, à une misère matérielle et morale dont rien ne la délivrerait plus. »

Et si lamentable, si regrettable que ce fût, — mais ne l'ayant point voulu, ce n'est pas nous qui en sommes responsables — devant cette vérité fondamentale et première, devant cette nécessité de vaincre pour vivre librement et pouvoir tirer réparation du droit violé, nécessité plus impérieuse encore pour une nation que pour un individu, la pitié — quand il y a place pour elle — ne saurait venir qu'après la *justice*.

GEORGES-ANQUETIL.

A LA MANIÈRE DE ROMAIN ROLLAND
(Injuste pastiche)

Pour Albert Noël.

Vous tous, mes frères, Allemands et Français, Bulgares et Serbes, Turcs et Roumains, Autrichiens et Italiens, entendez la voix céleste du terrestre Saint-Père, venant vous révéler que la guerre est une chose affreuse ! Puisqu'il vous faudra bien un jour vous asseoir autour du même tapis vert pour arrêter les bases de la Paix, oubliez donc dès maintenant, populations des pays envahis, que l'ennemi est encore chez vous ! La haine est impie et, seul, le pardon digne de l'âme noble d'un penseur, du cœur vaste d'un rêveur.

Sans doute les Prussiens, parmi lesquels je m'honore de compter les producteurs et les distillateurs de la sève littéraire qui me nourrit, ont commis quelques inévitables excès de cruauté, dont je les blâme sincèrement, presque autant que lorsqu'ils ont incendié Louvain et sa bibliothèque, ce qui est misérable, puisque moi-même j'écris des livres ; mais, croyez-le bien, ce n'était pas leur vraie personnalité d'hommes qui commettait ces crimes, ou plutôt ces erreurs, c'étaient les automates trop disciplinés de quelques égarés, envers qui il faut se souvenir que pour tout péché il doit y avoir miséricorde, comme Jésus, mourant sur la croix. disait à son Père : « Pardonnez-leur, car ils ne savent ce qu'ils font ! »

Sans doute des Saxons et des Bavarois ont pillé, violé, tué, mutilé par sot plaisir ; ils se sont naïvement acharnés sur des femmes et des enfants : ils ont eu tort évidemment, incontestablement tort ! Mais la guerre rend fous ceux qui la font, et c'est pourquoi, moi, je ne le suis pas encore... C'est même pourquoi je ne le serai jamais... Je suis tellement au-dessus de la mêlée, dans cette Suisse hospitalière, entre l'arbre et l'écorce, que j'en oublie totalement de rechercher si c'est la Belgique qui a attaqué la Prusse et violé sa neutralité, ou bien si c'est la Serbie qui a envoyé un ultimatum à l'Autriche ; tout cela d'ailleurs, histoire ancienne, a aujourd'hui si peu d'importance, est si petit et si mesquin devant l'Internationale Humanité !

Actuellement, dites-vous, Alliés, vous êtes sur la voix de la Victoire ? Eh bien ! c'est le moment ou jamais de vous montrer généreux... La générosité est la plus grande et la plus féconde vertu. Bénissez les dieux de vous permettre d'en témoigner à vos ennemis, avant qu'ils ne se mettent à vos genoux. Ce serait humiliant pour vous et même pour eux, donc indigne de vous ! Soyez pleinement magnanimes, et pour bien montrer que vous n'avez contre eux aucune rancune stupide, accueillez encore plus ouvertement chez vous ces braves et loyaux Allemands qui, pour vous prouver qu'eux non plus ne vous en veulent pas, vous offrent de venir eux-mêmes remplacer chez vous, par de fortes et solides paumes, toutes les petites mains grêles que, dans une heure d'excessive gaîté, ils ont, en riant, en jouant, et sans méchanceté, coupées à vos enfants.

GEORGES-ANQUETIL.

(Publié en 1917).

Vannes. — Imprimerie LAFOLYE, 721-18.

9 782019 928766